Travaillez sur des variations de la vision jusqu'à ce qu'elles reflètent la nature spécifique de votre petite entreprise et de votre peloton. Le plus difficile est de choisir une formulation qui définit vos valeurs sans paraître trop vague.

Les énoncés de mission sont ancrés dans le présent et expliquent aux parties prenantes et aux membres de la communauté pourquoi un

l'entreprise existe et où elle en est actuellement. Les énoncés de vision ne sont pas fondés sur la naissance et sont destinés à inspirer et à orienter les travailleurs.

"La vision concerne vos prétentions pour l'avenir et comment vous y arriverez, tandis que la charge concerne l'endroit où vous êtes maintenant et pourquoi vous vivez", a déclaré Paige Arno-Fenn, auteur et PDG de suckers & capitaines, une entreprise mondiale. Etablissement de conseil en marketing stratégique. "

La vision devrait motiver le peloton à faire une différence et à faire partie d'une marchandise plus grande qu'eux-mêmes. "

2 : Vision pour agir :

Lorsque vous commencez à rédiger un énoncé de vision, réfléchissez à ce que vous voulez que les gens ressentent et à la façon dont le monde sera meilleur lorsque votre entreprise suivra sa vision. pensez à vos produits et services, comment perfectionnent-ils le moment de la vie des gens et quel en sera l'effet à l'avenir.

Donc, cela ne devrait pas être trop vague ou ésotérique. Ce ne devrait pas être un exercice de crack-box. Cependant, c'est aussi la mauvaise raison, si vous écrivez un énoncé de vision uniquement parce que vous n'en avez pas encore. Il devrait être écrit parce que vous voulez que le personnel suive le même chemin, motivé et inspirant, engagé par une marchandise plus grande que tout ce qui existe, afin qu'il vienne au travail en faisant la différence, sans autoriser ses week-ends ou payer ses hypothèques.

L'énoncé de vision doit définir un meilleur monde à naître; celui que votre entreprise peut contribuer à concrétiser.

Énoncé de mission – Un énoncé général de la façon dont la vision sera réalisée. La déclaration de charge est une déclaration d'action qui commence généralement par le mot "à".

responsable d'une entreprise exemple - Offrir des produits laitiers uniques et de haute qualité aux consommateurs d'origine.

Valeurs fondamentales - Les valeurs fondamentales définissent l'association en termes de principes et de valeurs que les dirigeants suivront dans la réalisation du conditionnement de l'association.

Valeurs fondamentales de l'exemple d'entreprise

Concentrez-vous sur des idées commerciales nouvelles et innovantes

Pratiquer des normes éthiques élevées.

Respectez et couvrez le terrain.

Répondre aux exigences et aux sollicitations changeantes des clients et des consommateurs.

Les déclarations de vision et de responsabilité sont importantes pour que toutes les personnes impliquées dans l'association, y compris les parties prenantes extérieures, comprennent ce que l'association négociera lancez-vous en permettant à quoi vous voudriez que votre vie ressemble en 25 fois. Cela peut aller bien au-delà de la croissance des entreprises. Quels effets vous rendent le plus heureux dans la vie ? Qu'est-ce qui est le plus important pour vous ? Que voulez-vous éventuellement de votre entreprise et de votre vie ? Notez ces effets.

Ensuite, demandez-vous : « Qu'est-ce qui doit être dans les dix temps à venir pour y arriver ? " Il n'est alors pas nécessaire de produire une liste spécifique de détails d'action. Cela peut encore être assez général et large.

Une fois que vous avez écrit cela, imaginez ce qui doit être dans les cinq prochaines fois pour y arriver. les effets devraient alors devenir plus palpables. Ce sont les détails de l'action qui vous aideront à rédiger votre stratégie de croissance commerciale factuelle.

Et nous allons continuer à aller plus loin à court terme Maintenant, imaginez ce qui doit être dans les temps à venir pour y arriver. Il est important de penser à l'instigation alors. Ces effets n'ont pas besoin d'être faits dans le temps à venir ; ils ont juste besoin d'être en émoi. Que devez-vous commencer dans les prochains temps pour vous mettre sur la bonne voie avec votre stratégie de croissance commerciale ?

I0479981

STRATÉGIQU E DE CROISSANCE DES AFFAIRES

PETITES MEILLEURES IDÉES D'ENTREPRISE POUR LES DÉBUTANTS

Prof : Sehal Ahmad

Table des matières:

© Copyright 2023-

Sehal Ahmad Tous droits réservés.

Le contenu de ce livre ne peut être reproduit, dupliqué ou transmis sans l'autorisation écrite directe de l'auteur ou de l'éditeur.

En aucun cas, aucun blâme ou responsabilité légale ne pourra être retenu contre l'éditeur ou l'auteur, pour tout dommage, réparation ou perte monétaire dû aux informations contenues dans le livre, directement ou indirectement.

Mention légale:

Ce livre est protégé par le droit d'auteur. C'est uniquement pour un usage personnel. Vous ne pouvez pas modifier, distribuer, vendre, utiliser, citer ou paraphraser toute partie ou le contenu de ce livre sans le consentement de l'auteur ou de l'éditeur.

Avis de non-responsabilité :

Veuillez noter que les informations contenues dans ce document sont uniquement à des fins éducatives et de divertissement. Tous les efforts ont été déployés pour présenter des informations exactes, à jour, fiables et complètes. Aucune garantie d'aucune sorte n'est déclarée ou implicite. Les lecteurs reconnaissent que l'auteur n'est pas engagé dans la prestation de conseils juridiques, financiers, médicaux ou professionnels. Le contenu de ce livre provient de diverses sources. Veuillez consulter un professionnel agréé avant d'essayer les techniques décrites dans ce livre.

Introduction

Les stratégies de croissance sont importantes car elles permettent à votre entreprise de travailler à des prétentions qui vont au-delà de ce qui se passe au moment de la demande.

Ils maintiennent à la fois les dirigeants et les travailleurs concentrés et alignés, et ils vous poussent à supposer à long terme.

Un énoncé de vision explique ce que votre entreprise réaliserait s'il n'y avait pas de murs. C'est une description - pour vos investisseurs, actionnaires, amis, invités et travailleurs - de l'endroit où vous pourriez être cinq, dix, voire vingt fois, et de l'impact que vous aimeriez que votre petite entreprise ait eu sur le monde.

Alors, êtes-vous prêt à développer votre entreprise et à devenir une personne prospère ?

Ensuite, faites défiler vers le haut et cliquez sur le bouton "Ajouter au panier" maintenant !

1 : Déterminez votre vision :

Un énoncé de vision explique ce que votre entreprise réaliserait s'il n'y avait pas de murs. C'est une description - pour vos investisseurs, actionnaires, amis, invités et travailleurs - de l'endroit où vous pourriez être cinq, dix, voire vingt fois, et de l'impact que vous aimeriez que votre petite entreprise ait eu sur le monde.

Il doit y avoir eu une raison pour démarrer votre entreprise en particulier. Vous devez avoir eu un intérêt, une compétence ou une raison de commencer à trader. Et vous pensez peut-être que vous pouvez gérer une petite entreprise, au jour le jour, sans que le « fluff marketing » d'un énoncé de vision ne vous gêne. Mais une déclaration claire peut vous aider à faire de cette entreprise de deux manières.

Un bon énoncé de vision vous aide à articuler la force motrice de votre entreprise.

Un excellent énoncé de vision motive et inspire votre piscine (et vos invités).

plutôt que, à titre d'exemple, en déclarant : "Je veux fabriquer les tables de réunion les plus nobles, les plus populaires et les plus belles au Royaume-Uni", vous diriez : "Je veux créer une entreprise qui aide les gens à se réunir en tant que compagnons d'affaires. " C'est un sens de la direction ferme. C'est concret en effet si c'est extrêmement ambitieux, et cela aide tout le monde à comprendre où vous allez, afin qu'ils puissent vous aider à y arriver. Pour les investisseurs en particulier, un énoncé de vision clair est un signe de moralité particulière et de provocations pour être en affaires.

Conjurer grand. Imaginez un monde, dans 20 ou 50 fois à partir de maintenant, qui est tout à fait meilleur d'une certaine manière. Imaginez maintenant comment votre entreprise aurait pu contribuer à ce changement. A quoi ressemble ce monde pour vous ? Comment les gens vivent-ils autrement ? Qu'est-ce que votre entreprise produirait ou fournirait en tant que service, et en quoi cela diffère-t-il de ce que vous faites actuellement ?

Cela ne veut pas dire autoriser vos profits et pertes, inévitablement. Cela signifie autoriser la façon dont vous pourriez vous développer, développer de nouveaux produits, venir l'os du nombre

' dans votre demande, ou admettre le plus grand nombre de distinctions dans un secteur. Notez précisément ce qui vous différencie de vos challengers, votre succès en tant que propriétaire de petite entreprise dépend de vous et de votre contribution aux opérations de l'entreprise.

Utilisez l'affaire de votre session de découverte pour cristalliser vos prétentions à long terme la vision de votre entreprise. Ne vous inquiétez pas si cela semble «trop élevé» pour commencer. Et ne vous souciez pas d'inclure une liste de points spécifiques. C'est censé être inspirant.

Les mots spécifiques que vous choisissez sont importants car ils produisent du sens et de l'émotion. Utilisez un langage clair, concis et sans argot - mais inséminez également vos décisions ou expressions avec passion et mots descriptifs.

Les énoncés de mission et les énoncés de vision sont tous deux essentiels pour ériger une marque. "Alors qu'un énoncé de charge se concentre sur l'objectif de la marque, l'énoncé de vision vise la réalisation de cet objectif", a déclaré Jessica Honard, co-PDG de North Star Messaging Strategy, un établissement de rédaction et de messagerie au service des entrepreneurs.

Bien que les énoncés de charge et de vision doivent être les rudiments de base de votre association, un énoncé de vision doit servir de guide à votre entreprise.

« Une vision est une aspiration ; une charge est possible », a déclaré Jamie Salkowski, directeur principal de la création de la société de marketing et de répartition Day One Agency.

Créer l'énoncé de vision parfait peut sembler invitant, mais ce n'est pas obligatoire. Suivez ces suggestions et pratiques élégantes lors de la rédaction de votre énoncé de vision.

Ne vous inquiétez pas si vous pensez qu'un bref énoncé de vision n'exprime pas complètement les complications de votre vision. Vous pouvez produire une interprétation plus longue, mais cela ne devrait pas être l'os.

Vous diffusez dans le monde.

Soyons honnêtes - la plupart des chefs d'entreprise, sans parler des conseils d'administration, ne seront pas aptes à résumer leur vision en un jugement apothegmatique ou deux. C'est OK », a déclaré Shannon DeJong, propriétaire de l'agence de marque House of Who. « Ayez une interprétation complète de votre vision pour les seuls yeux de la direction. supposez que la longue interprétation est votre compagnon de référence pour expliquer pourquoi vous êtes en affaires en premier lieu.

Il y a une ventilation rapide de ce qu'il faut faire quand

normaliser votre énoncé de vision

- Projetez cinq à dix fois dans le futur.
- conjurez grand et concentrez-vous sur le succès.
- Utilisez le présent.
- Utilisez un langage clair, concis et sans argot.
- inoculez-lui la passion et rendez-le inspirant.
- Alignez-le avec les valeurs et les prétentions de votre entreprise.
- produire un plan pour communiquer votre énoncé de vision à vos travailleurs.
- Préparez-vous à consacrer du temps et des coffres à la vision que vous établissez.

Votre énoncé de vision doit offrir une idée claire de la voie à suivre pour votre entreprise. Howard a déclaré que nombre de ses invités ont utilisé leurs déclarations de vision pour orienter leurs plans généraux pour l'avenir. Par exemple, ils ont adopté une nouvelle entreprise de marketing pour les rapprocher de leur vision, ont tourné leur attention pour refléter facilement leur croissance demandée, ou ont doublé un aspect particulier de leur marque qui travaille pour servir leur vision.

Déterminez où votre énoncé de vision apparaîtra et quel rôle il jouera dans votre association. Cela rendra le processus plus qu'un exercice intellectuel, a déclaré

Shockley. Il est inutile d'accrocher un énoncé de vision dans le hall ou de le promouvoir via les canaux de médias sociaux de votre entreprise si vous ne l'intégrez pas de manière authentique dans la culture de votre entreprise.

« L'énoncé de vision de l'entreprise devrait être autorisé

dans le cadre de votre plan stratégique », a déclaré Shockley. « Il s'agit d'un outil de répartition interne qui aide à aligner et à inspirer votre peloton pour atteindre les prétentions de l'entreprise. "

De même, vous devez considérer un énoncé de vision comme un document vivant qui sera redéfini et révisé. Plus important encore, il doit s'adresser directement à vos travailleurs.

Pourtant, vous ne serez en aucun cas apte à le réaliser », a déclaré Keri Lindenmuth, « si vos employés n'adhèrent pas à la vision. "L'énoncé de vision doit être un produit auquel vos employés croient. Ce n'est qu'eux aussi qu'ils émettront des opinions et adopteront un comportement qui reflète la vision de votre entreprise."

Au fur et à mesure que votre entreprise grandit et se développe, reconsidérer votre énoncé de vision peut vous donner une idée de la direction que prend votre entreprise et savoir si vous êtes sur la bonne voie pour atteindre vos objectifs.

Vous pouvez également utiliser votre énoncé de vision dans vos outils marketing et promotionnels, soit en l'affichant dans votre lieu d'affaires, soit en l'affichant sur la page Web de l'entreprise/les comptes de médias sociaux, soit en l'intégrant dans le cadre de la marque de votre entreprise.

Nous avons expliqué le véritable objectif de l'énoncé de vision dans cette composition, mais ensuite un bref mémorial de ce que nous essayons de réaliser avec un énoncé de vision d'entreprise

Améliorez le processus de prise de décision en définissant un « limiteur » qui nous aide à exclure les entreprises stratégiques et les ouvertures qui ne sont pas alignées avec les prétentions commerciales à long terme.

Faites une brève déclaration sur ce que notre association essaie de réaliser pour aider des tiers tels que des investisseurs ou des médias à mieux nous comprendre.

produire une étoile polaire forte qui peut vraiment guider et motiver les travailleurs pendant les périodes délicates si elle est prise au sérieux.

Développez un énoncé de vision engageant qui est l'un des rudiments cruciaux d'une culture d'entreprise florissante.

La ligne la plus basse est qu'un énoncé de vision n'est pas seulement un plaisir à avoir. Il devrait être inclus dans chaque plan d'affaires et discussion stratégique, en particulier pendant le processus de planification stratégique, pour s'assurer que l'association et ses départements restent alignés sur sa vision et ne se laissent pas distraire.

Gardez à l'esprit que la création d'une vision ne commence pas par s'asseoir derrière un bureau et écrire noir sur blanc. Contactez vos parties prenantes et les membres de votre peloton qui joueront un rôle dans la réalisation de la vision de l'entreprise. Organisez une usine, ou plus loin si nécessaire, pour communiquer des idées et recueillir leurs retours.

Cette boîte à outils avec un modèle et un classeur peut vous aider avec des exercices de remue-méninges et à naviguer dans l'ensemble du processus.

En conséquence, l'inclusion d'autres parties prenantes dans le processus de création de la vision ne produira pas seulement des idées, mais obtiendra également l'adhésion dès le matin puisque ce sera aussi leur vision.

Ensuite, voici 8 conseils pour vous aider à rédiger un énoncé de vision mémorable

Soyez bref - maximum 2 décisions. Votre énoncé de vision doit être percutant et facile à rappeler.

Rendez-le spécifique à votre entreprise et décrivez une excroissance unique que vous seul pouvez donner.

Écrivez-le au présent.

N'utilisez pas de mots qui prêtent à interprétation. Dire que vous maximiserez le rendement des actionnaires en 2022 ne veut rien dire à moins que vous ne précisiez ce que cela signifie.

Simple est élégant. Les gens ont tendance à trop compliquer les effets, mais vous devez rendre votre vision suffisamment claire pour que les personnes à l'intérieur et à l'extérieur de votre association puissent la comprendre. Restez à l'écart de l'argot, des vanités et des mots à la mode des affaires.

Il devrait être suffisamment ambitieux pour agiter les gens, mais pas si ambitieux qu'il semble insoluble à réaliser.

Un énoncé de vision n'est pas une chose ponctuelle et doit évoluer avec votre entreprise. Lorsque vous réfléchissez à votre vision de l'avenir, respectez un échéancier de cinq temps. C'est un ambitieux fin qui est suffisamment loin devant pour travailler, mais pas trop loin pour que l'association perde sa concentration et son engagement.

La vision doit s'aligner sur les valeurs fondamentales de votre entreprise. Nous approfondissons les valeurs de l'entreprise dans cette composition, mais lorsque vous avez créé les valeurs de votre entreprise, vous devez revoir votre vision pour voir si elle s'aligne.

encore, voyez également combien de membres du personnel le savent réellement et peuvent le réciter, si un énoncé de vision existe auparavant. Plus il est court et concis, mieux c'est, car il doit être facilement compris, rappelé et appliqué.

Rédaction d'un énoncé de vision ne doit pas être un défi ; cela peut être un exercice utile pour définir pourquoi votre entreprise se négocie et son avenir. C'est un excellent exercice pour autoriser les produits autres que le ploutocrate et les gains. Cela peut aider à résumer vos idéaux fondamentaux et votre ratiomètre. Cela donnera à votre entreprise une direction et une destination spécifiques avec une orientation claire et une consonance accrue pour une coopération et une collaboration améliorées.

En écrivant un énoncé de vision, considérez ce qui est unique ou différent dans ce que vous faites, et rendez-le aussi mortel que possible, afin qu'il se connecte avec le besoin des gens d'avoir un but. Il doit inspirer les gens à se lever le matin d'un temps d'arrêt glacial, avec 10 bases de neige à l'extérieur, et à aller travailler.

La rédaction d'un énoncé de vision combine des idées, de la créativité et une étude approfondie. Il est élégant de retracer la raison pour laquelle l'auteur ou les auteurs ont créé l'entreprise en premier lieu. La vision originale a peut-être changé, mais c'est néanmoins un bon point de départ. Quelle occasion originale ont-ils identifiée ? Il se peut que les réalisateurs ne soient pas les meilleurs forgerons de mots, donc l'utilisation d'un rédacteur créatif peut aider à démêler les mots d'une manière plus brève et engageante.

Un énoncé de vision peut être produit sous forme de communication sur bande vidéo pour engager et communiquer d'une manière qui fonctionne mieux que de l'encadrer et de le mettre sur un mur ou un dossier de bureau.

Pourtant, cela vaut également la peine de se demander pourquoi et de le changer - ou l'entreprise pour laquelle vous travaillez, si l'énoncé de vision ne vous motive pas ou quelqu'un d'autre. Il définit pourquoi l'entreprise existe, elle doit donc être ambitieuse pour motiver et inspirer tout le monde.

Il doit produire une image interne solide de ce que votre entreprise fera pour vos clients à l'avenir. de même, il peut aider à guider la définition des valeurs de l'entreprise.

L'énoncé de vision doit être plus que de simples mots et un exercice de planification d'entreprise, il doit être traduit en actions, comportements et stations. L'énoncé de vision n'est pas une marchandise à faire, à épousseter et à oublier dans le cadre d'une séance de stratégie. Cela doit venir d'une marchandise qui change l'esprit des gens, les fait revoir et agir en harmonie avec cela. À cet égard, cela renforcera la culture d'entreprise. Ainsi, écrire l'énoncé de vision n'est que 20 du travail, le reste est givrage, il est rendu réel et réalisé.

Un énoncé de vision doit être romantique, s'il ne fait pas avancer l'humanité d'une manière ou d'une autre, cela ne vaut probablement pas la peine d'être poursuivi et, finalement, l'énergie se dissipera de l'entreprise, et elle perdra de sa traction.

Un bon énoncé de vision peut stimuler l'invention et de nouvelles idées à mesure que le personnel fait preuve de créativité en pensant aux moyens d'aider à réaliser la vision plus tôt. Cependant, votre personnel voudra s'y rendre d'autant plus tôt, s'il s'agit d'une destination claire et inspirante.

Cela devrait aider à renforcer les brigades car tout le monde a un objectif commun.

Cela doit faire partie de la culture de l'entreprise et pas seulement être placé dans un cadre photo et laissé sur un mur. Comme nous l'avons dit, il peut être utilisé comme un outil de répartition pour le personnel et les administrateurs afin d'aider à orienter les avis de planification stratégique.

Votre personnel doit être convaincu par l'énoncé de vision et sentir qu'il fait partie de ses propres prétentions et objectifs.

C'est le remède à la sombre préoccupation de nombreuses entreprises de réaliser des gains à court terme. Les entreprises devraient se demander si cette stratégie à court terme nous aide à réaliser la vision à long terme de l'énoncé de vision ou la compromet ?

Un énoncé de vision est l'un des nombreux documents commerciaux qui aident à définir l'objectif de l'entreprise. Il doit donc s'aligner sur d'autres documents commerciaux, tels que l'énoncé de charge, la stratégie et les valeurs fondamentales. C'est un document important, tout comme le processus de rédaction, car il aide à définir la culture de l'entreprise. Il n'est pas nécessaire de le graver, mais le changer ne doit être fait que lorsque cela est nécessaire, car il représente une marchandise à laquelle tout le monde dans l'entreprise achète et croit.

Un énoncé de vision doit contenir les éléments suivants

Soyez concis, inspirant et fluide.

Être un produit auquel tout le monde peut s'identifier et qui aidera à guider la prise de décision au quotidien

Soyez une raison importante pour laquelle les gens voudront rejoindre votre entreprise en premier lieu.

Soyez spécifique à votre entreprise, vos prétentions et bourns, marchandise unique qui définit votre marque

Inspirez les travailleurs et engagez de nouveaux invités à vouloir jeter un coup d'œil à votre entreprise, bien que le marketing ne soit pas son objectif principal.

Il ne doit pas sembler trop éloigné et intouchable, sinon il ne sera pas motivant ou trop facile à négocier, car il n'inspirera personne.

Il doit correspondre aux valeurs de votre entreprise

Ce devrait être un produit intéressant, nouveau et engageant qui amène les gens à supposer, ah oui, j'aime cette idée, je peux me connecter avec ça

Se rapportent à votre demande, afin qu'elle se connecte avec eux ; enfants, hommes, femmes, entreprises, universitaires, encore une fois, bien que son objectif premier ne soit pas de vendre

Pourtant, en mode fonctionnel et de survie, le simple fait de traverser les trois mois ou le temps à venir peut être la seule priorité, si votre entreprise est véritablement réactive et constamment en lutte contre les incendies. rien ne sera intéressé par l'énoncé de vision.

encore, si la communication est mauvaise, la confiance est faible, Si la culture n'est pas propice à la croissance à long terme. Ils seront plus intéressés par leur versement hypothécaire à venir ou leur emploi.

peut-être que votre entreprise n'est pas guidée par une stratégie globale, et certains pourraient dire que c'est OK comme dans cette composition de Forbes, mais ce n'est pas OK. Cela peut fonctionner à court terme, mais pas à long terme.

Avez-vous déjà été impliqué dans une association ou une entreprise qui ne semble pas négocier véritablement important? Quoi qu'il en soit, à quel point vous travaillez dur, vous tournez en rond. Le problème peut être que vous n'avez pas décidé où vous voulez aller et que vous n'avez pas créé de feuille de route indiquant comment vous y rendre. Du point de vue d'une association, le problème peut être que vous ne fixez pas ce que vous voulez réaliser et comment vous y parviendrez. Vous trouverez ci-dessous une série de façons ou d'énoncés sur la façon de donner une direction à votre association.

Le premier est un énoncé de vision. Il offre une destination à l'association. Vient ensuite une déclaration de charge. C'est un guide sur la façon d'arriver à destination. Ce sont des déclarations critiques pour l'association et les individualités qui dirigent l'association.

Vision - Vue d'ensemble de ce que vous voulez réaliser.

charge – Énoncé général de la façon dont vous réaliserez la vision.

Une déclaration d'accompagnement fréquemment créée avec la vision et la charge est une déclaration de valeurs fondamentales.

Valeurs fondamentales - Comment vous supporterez pendant le processus.

Une fois que vous avez lié ce que votre association veut réaliser (vision) et généralement comment la vision sera réalisée (charge), l'étape suivante consiste à développer une série d'énoncés spécifiant comment la charge sera utilisée pour réaliser la vision

Stratégies - Les stratégies sont une ou plusieurs façons d'utiliser l'énoncé de charge afin de réaliser l'énoncé de vision. Bien qu'une association n'ait qu'un seul énoncé de vision et qu'un seul énoncé de mission, elle peut avoir plusieurs stratégies.

prétentions – Il s'agit d'énoncés généraux de ce qui doit être accompli pour appliquer une stratégie.

objets - les objets donnent des jalons spécifiques avec un calendrier spécifique pour réaliser une chose.

Plans d'action - Ce sont des plans de perpétration spécifiques sur la façon dont vous atteindrez un idéal.

Une discussion plus approfondie de ces déclarations est présentée ci-dessous. Les déclarations d'une entreprise d'illustration sont remises pour explication.

Énoncé de vision – Une image interne de ce que vous voulez négocier ou réaliser. Par exemple, votre vision peut être une entreprise viticole prospère ou une communauté économiquement active.

Vision d'une entreprise exemplaire – Une entreprise laitière familiale prospère.

et comment cela sera réalisé. En substance, cela signifie "garder tout le monde sur le même chemin" afin qu'ils "tirent chacun dans la même direction".

Il y a une relation étroite entre la vision et la charge. Comme l'énoncé de vision est une image interne statique de ce que vous voulez réaliser, l'énoncé de charge est un processus dynamique de la façon dont la vision sera réalisée. Pour produire des déclarations réussies, vous devez garder à l'esprit les généralités suivantes.

Simple - La vision et la charge guident le conditionnement quotidien de chaque personne impliquée dans l'entreprise. Les déclarations de vision et de charge doivent être simples, concises et faciles à rappeler . Utilisez juste assez de mots pour saisir le fond. Les déclarations doivent saisir la véritable substance de ce que votre association ou entreprise réalisera et comment cela sera réalisé. Ainsi, les déclarations de vision et de charge devraient être une seule étude qui peut être facilement transportée dans l'esprit. Cela permet à tout le monde dans l'association de se concentrer sur eux. Pour tester l'efficacité de vos déclarations, demandez aux dirigeants, administrateurs et travailleurs de vous dire la vision et la responsabilité de leur organisation. Cependant, les déclarations sont de peu d'utilité, si elles ne peuvent pas vous dire actuellement à la fois la vision et la charge.

Mais cela ne signifie pas qu'il sera facile de produire les déclarations. Il peut supporter plusieurs courants d'air. les déclarations extrêmes sont trop longues. Les gens ont tendance à ajouter de nouvelles informations et qualifications aux déclarations. généralement, les informations fraîches ne font que confondre l'anthologie et assombrir la substance de la déclaration. Chaque ébauche consécutive de la vision et de la charge doit être simplifiée et clarifiée en utilisant autant de mots que possible.

Processus fluide - Les déclarations ne sont pas " coulées dans la pierre tombale ". Ils peuvent être simplifiés et modifiés si l'association change d'orientation. Il est souvent bon d'écrire les déclarations, de les utiliser pendant un certain temps et de les réadresser plusieurs mois ou plus tard si nécessaire. Il peut être plus facile de délimiter le centre de la déclaration à ce moment-là. Flash back, la raison pour laquelle vous écrivez les déclarations est de clarifier ce que vous faites.

Associations uniques et complexes - Il est généralement plus important d'écrire des déclarations pour une association traditionnelle où le but de l'association est unique. Il en est de même pour les associations complexes où il peut être délicat d'aller au fond de l'actualité de l'association.

Stratégies, prétentions, objets et plans d'action

Une fois que vous avez créé des déclarations de vision et de charge, et éventuellement des valeurs fondamentales, vous pouvez également développer les stratégies, les prétentions, les objets et les plans d'action exigés pour déclencher votre charge et réaliser votre vision.

Stratégies - Une stratégie est un énoncé de la façon dont vous allez atteindre la marchandise. Plus précisément, une stratégie est une approche unique de la façon dont vous utiliserez votre charge pour réaliser votre vision. Les stratégies sont essentielles au succès d'une association, car c'est là que vous commencez à élaborer un plan pour faire des produits de base. Plus l'association est unique, plus vous devez être créatif et innovant dans la formulation de vos stratégies.

prétentions – Une chose est une déclaration générale de ce que vous voulez réaliser. Plus précisément, une chose est un coin (s) dans le processus d'application d'une stratégie. exemples de prétentions commerciales sont

Augmenter la périphérie des bénéfices

Augmenter l'efficacité

Capturez une plus grande part de demandes

offrir un meilleur service client

Améliorer l'entraînement des mains

Réduire les émigrations de carbone

Assurez-vous que les prétentions se concentrent sur les aspects importants de l'application de la stratégie. Veillez à ne pas définir trop de prétentions ou vous risquez de perdre votre concentration. En outre, concevez vos prétentions de manière à ce qu'elles ne se contredisent pas et ne s'immiscent pas les unes dans les autres. Une chose doit répondre aux critères suivants

Accessible Est-elle formulée simplement et facilement compréhensible ?

Approprié Aide-t-il à appliquer une stratégie sur la façon dont la charge réalisera la vision ?

respectable Est-ce en accord avec les valeurs de l'association et de ses travailleurs membres ?

Flexible Peut-il être acclimaté et modifié selon les besoins ?

objets - Un objectif transforme l'énoncé général d'une chose de ce qui doit être accompli en un énoncé spécifique, quantifiable et sensible au temps de ce qui va être réalisé et quand cela sera réalisé. des exemples d'objets métier sont

Gagner au moins un taux de retour sur investissement d'au moins 20 % après service sur notre investissement au cours de la période financière à venir

Augmentez la part des demandes de 10 % au cours des trois prochaines périodes.

Réduction des coûts d'exploitation de 15 % au cours des deux prochaines périodes grâce à l'amélioration de l'efficacité du processus de fabrication.

Réduisez le temps d'appel des demandes de renseignements et des questions des clients à quatre heures maximum.

les objets doivent répondre aux critères suivants

Mesurable Qu'est-ce qui sera spécifiquement réalisé et quand le sera-t-il ?

Convient-il comme dimension pour réaliser la chose ?

faisable Est-il possible de réaliser?

Engagement Les gens sont-ils déterminés à atteindre l'idéal ?

Pouvoir Les personnes responsables de la réalisation de l'idéal sont-elles incluses dans le processus de définition des objectifs ?

Plans d'action - Les plans d'action sont des énoncés de conduite ou de conditionnement spécifiques qui seront utilisés pour réaliser une chose dans les limites de l'idéal. des exemples de plans d'action dans l'environnement des prétentions et des objets sont

chose, idéal, plan d'action tableau 1

Les plans d'action peuvent être de simples déclarations ou des plans d'affaires complets et détaillés où les prétentions et les objets sont également inclus. Les plans d'action peuvent également être utilisés pour appliquer une stratégie entière (appelée planification stratégique).

Mettre tous ensemble

Pour vous aider à comprendre la relation entre chacun de ces énoncés, des exemples de stratégies, de prétentions, d'objets et de plans d'action sont présentés pour une association d'affaires conçue pour améliorer la frugalité pastorale en développant des entreprises pastorales. Flash back, la vision est ce que vous voulez négocier. La mission est un énoncé général de la façon dont vous réaliserez votre vision. Les stratégies sont une série de façons d'utiliser la charge pour réaliser la vision. les prétentions sont des énoncés de ce qui doit être accompli pour appliquer la stratégie. les objets sont une conduite et des délais spécifiques pour réaliser la chose. Les plans d'action sont des conduites spécifiques qui doivent être prises pour atteindre les jalons dans la chronologie des objets.

exemplifications

conclusion

La création des déclarations décrites ci-dessus peut sembler être un travail très chargé. Mais ces déclarations vous aideront à vous concentrer sur les aspects importants de votre association ou de votre entreprise. Cependant, elles peuvent faire gagner du temps et des ploutocrates et augmenter les chances que votre association ou votre aventure commerciale soit couronnée de succès, si elles sont faites correctement.

Considérez ces déclarations comme des documents évolutifs qui peuvent changer à mesure que les exigences de l'association ou de l'entreprise changent. Trop souvent, ces déclarations sont traitées comme des "os emblématiques" à conserver en lieu sûr. Mais, si vous ne les utilisez pas, vous avez perdu votre temps.

Créer une vision n'est pas aussi compliqué que cela puisse paraître. Tout se résume à changer votre état d'esprit et à clarifier ce que vous recherchez éventuellement dans votre vie et votre entreprise. Dan Sullivan le résume à un simple jugement "Rendez toujours votre avenir plus grand que votre histoire."

Oubliez les astuces marketing fantaisistes et les nouvelles technologies ; cet état d'esprit simple est la stratégie de croissance commerciale élégante. Il est particulièrement important de faire la fête et de se concentrer sur le membre « plus grand que votre histoire ». Pour vous donner une direction sur ce que vous voulez faire à l'avenir, vous devez utiliser les gestes d'alphabétisation et de croissance les plus importants de votre histoire.

Demandez-vous : « Quel a été mon principal domaine d'apprentissage au cours des 90 jours ? »

Pensez à cette littératie spécifique et gardez-la à l'esprit tout au long de la création de votre vision et de la croissance de votre entreprise. Repenser à vos plus grands moments d'alphabétisation vous aidera toujours à vous orienter sur la manière élégante d'aller de l'avant et de développer votre entreprise.

Le plan de stratégie de croissance d'entreprise élégant est l'os

qui vous permet d'avancer. Cependant, vous continuerez à gagner de l'instigation et à développer votre entreprise, si vous pouvez simplement vous concentrer sur la réalisation de votre avenir plus grand que votre histoire.

Mais aussi précieux que soit cet état d'esprit, ce n'est pas relativement suffisant. Parlons de la façon de devenir un peu plus stratégique avec votre vision, et pourquoi c'est si important pour la croissance de l'entreprise.

En tant qu'entrepreneur, vous avez une occasion unique de vous lancer au coup par coup. Vous pouvez rendre un service précieux qui n'a pas d'os

différemment peut offrir ou un produit qui excelle au-dessus de quoi que ce soit différemment sur la demande.

Vous pouvez aider les gens de différentes manières, mais si vous voulez vraiment vous démarquer des autres, vous devrez adopter une vision stratégique. Cependant, vous pouvez réellement produire un plan de croissance d'entreprise complet sur papier, si vous pouvez être stratégique et précis à ce sujet. La clé est de se concentrer sur la croissance à long terme, à moyen terme et à court terme.

Finalement, il est temps de supposer à l'extrême court terme. Que devez-vous faire au cours des trois prochains mois pour maintenir votre confiance, votre concentration et votre clarté ? Que faut-il pour que vous puissiez continuer à aller de l'avant et vous permettre de travailler vers les effets importants que vous avez précédemment décrits ?

Et aussi, pour aller plus loin, que faut-il dans la semaine à venir pour y arriver ? Ceux-ci ne seront pas inévitablement directement liés à la stratégie de croissance de votre entreprise, et ils ne seront clairement pas directement liés à vos prétentions à 25 heures. Nous recommandons de fixer les cinq résultats les plus cruciaux pour la semaine à venir.

Si vous avez écrit tout cela, devinez quoi ! Vous venez de créer votre plan de croissance d'entreprise.

Mais ce n'est pas une chose unique. La véritable croissance d'une entreprise nécessite une rétrospection constante. Les prétentions et la voie de la croissance que vous avez décrites changeront au fil du temps à mesure que votre entreprise se développera et changera.

Napoléon Hill a déclaré: «Toute idée, plan ou objectif peut être placé dans l'esprit par la réitération de l'étude. »

Il est important de continuer à consulter ce document au fur et à mesure que vous développez votre entreprise (et que vous évoluez en tant qu'entrepreneur). Non seulement les effets changeront, mais plus vous relirez ce document, plus il vous viendra à l'esprit.

Nous comprenons que la création de votre vision peut être délicate à faire par vous-même, c'est pourquoi c'est l'une des premières

effets sur lesquels nous nous concentrons lorsque des entrepreneurs rejoignent notre communauté.

de nombreux entrepreneurs n'ont pas l'impression d'avoir du temps à consacrer à la création de leur vision. Lorsque vous êtes tellement concentré sur la croissance de votre entreprise et sur le maintien de votre peloton sur la bonne voie, l'idée de prendre du recul pour supposer ce que vous voulez peut sembler ridicule.

Mais il est important de rappeler pourquoi vous êtes devenu entrepreneur en premier lieu. Oui, vous devez développer votre entreprise, mais vous devez également vous concentrer sur sa croissance dans l'entreprise que vous demandez. Contrairement aux personnes les plus extrêmes, vous avez la liberté de créer votre vie idéale. Votre croissance en tant qu'entrepreneur devrait être délicieuse! Vous devriez aimer développer votre entreprise.

Que chacun commence par une vision

Lorsque j'ai fait mon don TEDx sur Transformation, j'ai décrit trois facteurs majeurs du développement d'une entreprise ou d'une aventure réussie. Étant donné que le nom de mon entreprise est Keep Allowing Big, ces trois facteurs énoncent facilement BIG.

B- Croyances

Ce que vous pensez de vous-même, de votre peloton et de votre produit ou service. C'est votre vision et votre rêve.

I - L'intentionnalité

Il doit arriver un moment où nos croyances ont un impact sur nos vies et nous entrons dans de nouveaux domaines pour la première fois. C'est là que la stratégie entre en jeu. C'est à ce moment que nous passons de la représentation à l'action.

G – Croissance

Lorsque nous avons les bonnes croyances, la vision et le rêve mélangés à une stratégie ciblée pour qu'ils soient élaborés, nous passons à la croissance. Nous voyons et assistons à une croissance d'une manière que nous n'avions pas avant.

Lorsque nous commençons à jouer GROS, nous avons avancé des expédients et des perspectives de ce qui est possible. Nous ne restons pas seulement dans le « camp de la conjuration », mais nous le vivons et grandissons dans tout ce que nous pouvons.

3: Plan de financement avant le démarrage de l'entreprise

Un soutien est exigé pour démarrer une entreprise et la rendre rentable. Il existe plusieurs sources à considérer lors de la recherche d'un support de lancement. Mais vous devez d'abord considérer l'importance du ploutocrate dont vous avez besoin et quand vous en aurez besoin.

Les exigences fiscales d'une entreprise varient selon le type et la taille de l'entreprise. À titre d'exemple, les entreprises de transformation sont généralement féroces en matière de capital, absorbant de grandes quantités de capital. Les commerces de détail supportent généralement un capital inférieur.

La dette et les capitaux propres sont les deux principales sources de soutien. Les subventions gouvernementales pour financer certains aspects d'une entreprise peuvent être une option. De plus, des impulsions peuvent être disponibles pour détecter dans certaines communautés ou encourager le conditionnement dans une diligence particulière

Financement par actions:

L'Equity Backing signifie échanger une partie du pouvoir de l'entreprise contre un investissement fiscal dans l'entreprise. La participation de puissance réalisée à partir d'un investissement en actions permet à l'investisseur de participer aux gains de l'entreprise. L'équité implique un investissement sans fin dans une entreprise et n'est pas remboursée par l'entreprise à une date ultérieure.

L'investissement doit être dûment défini dans une réalité commerciale formellement créée. Une participation au capital d'une société peut prendre la forme d'unités de catégorie, comme dans le cas d'une société à responsabilité limitée, ou sous la forme d'actions ordinaires ou privilégiées, comme dans un pot.

Les sociétés peuvent établir différentes catégories d'actions pour contrôler les droits de vote des actionnaires. De plus, les entreprises peuvent utiliser différents types d'actions privilégiées. Par exemple, les actionnaires ordinaires peuvent rebondir alors que les actionnaires privilégiés ne le peuvent généralement pas. Mais les actionnaires ordinaires sont les derniers en ligne pour les moyens de l'entreprise en cas de déréliction ou de ruine. Les actionnaires privilégiés admettent un pourboire destiné avant que les actionnaires ordinaires admettent un pourboire.

Capital-risque :

Le capital d'aventure fait référence au soutien qui provient d'entreprises ou d'individus dans le domaine de l'investissement dans des entreprises jeunes et intimes. Ils donnent du capital aux jeunes entreprises en échange d'une part de pouvoir dans l'entreprise. Les entreprises de capital-aventure ne veulent généralement pas partager le soutien initial d'une entreprise à moins que l'entreprise n'exerce ses activités avec une expérience éprouvée. Généralement, ils préfèrent investir dans des entreprises qui ont fait des prises de participation importantes de la part des auteurs et qui sont autrefois rentables.

Les investisseurs en capital d'aventure préfèrent également les entreprises qui ont un avantage concurrentiel ou une forte proposition de valeur sous la forme d'un brevet, d'une demande avérée pour le produit ou d'une idée véritablement spéciale (et protégeable). Ils adoptent souvent une approche pratique de leurs investissements, se faisant représenter au conseil d'administration et embauchant occasionnellement des administrateurs. Les investisseurs en capital d'aventure peuvent donner de précieux conseils et conseils d'affaires. Pourtant, ils recherchent des retours substantiels sur leurs investissements et leurs objectifs peuvent être à contre-courant de ceux des auteurs. Ils se concentrent souvent sur le gain à court terme.

Les entreprises de capital-risque se concentrent généralement sur la création d'un portefeuille d'investissement d'entreprises à fort potentiel de croissance et affichant des taux de rendement élevés. Ces entreprises sont souvent des investissements à haut risque. Ils peuvent rechercher des rendements périodiques de 25 à 30 sur leur portefeuille d'investissement global.

Parce qu'il s'agit généralement d'investissements commerciaux à haut risque, ils veulent des investissements avec des rendements anticipés de 50 ou plus. En supposant que certains investissements commerciaux rapporteront 50 ou plus tandis que d'autres échoueront, on espère que le portefeuille global rapportera 25 à 30.

Plus précisément, de nombreux ploutocrates aventuriers souscrivent à la règle empirique 2-6-2. Cela signifie qu'en général, deux investissements produiront des rendements élevés, six produiront des rendements modérés (ou restitueront simplement leur investissement initial) et deux échoueront.

Offres d'actions :

Dans cette situation, l'entreprise vend des actions directement au public. Selon les circonstances, les immolations d'actions peuvent générer des quantités substantielles de financement. La structure de l'immolation peut prendre de nombreuses formes et nécessite un contrôle attentif par le représentant légal de l'entreprise.

Sociétés de financement commercial :

Les sociétés de financement négociables peuvent être envisagées lorsque l'entreprise n'est pas en mesure d'obtenir le soutien d'autres sources négociables. Ces entreprises peuvent être plus disposées à calculer sur la qualité de la garantie pour rembourser le prêt que sur les antécédents ou les protrusions de bénéfices de votre entreprise. Cependant, une société de financement négociable peut ne pas être l'endroit idéal pour obtenir un soutien, si l'entreprise ne dispose pas de moyens ou de garanties particuliers substantiels. En outre, le coût du ploutocrate de la société de financement est généralement plus élevé que celui des autres prêteurs négociables.

4 : Faire une seule Passion :

Il y a tellement de gens qui veulent abandonner le modèle d'emploi de 9 à 5 en faveur d'être un entrepreneur. Et pourquoi pas? L'entrepreneuriat est sexy en ce moment. Vous pouvez gagner un ploutocrate en étant votre propre maître et en gagner beaucoup en le faisant. Cela semble être la situation idéale pour quiconque souhaite contrôler son propre travail tout en gagnant un ploutocrate aussi important que possible. Si seulement c'était si simple.

Avant de vous enfoncer profondément dans votre fantasme de croire que vous gagnerez des millions d'os

votre première fois en affaires, vous devrez être réaliste quant à ce que signifie être propriétaire d'une entreprise. Tenant compte du fait que 67% des petites entreprises échouent au cours de leur première tentative, vous devrez être vraiment sérieux au sujet d'être un entrepreneur si vous espérez réussir. Cela est dû au fait que tant d'aspirants entrepreneurs ne pensent qu'aux prix d'une entreprise prospère, sans admettre le processus nécessaire pour produire ces résultats. Peu importe à quel point vous espérez réussir si vous ne pouvez pas adopter la conduite qui vous aide à développer une entreprise prospère.

Cette étape manquante est la raison pour laquelle tant de petites entreprises échouent au cours de leur première activité. Vous ne devriez pas créer une entreprise simplement parce que vous voyez que quelqu'un d'autre a réussi à exploiter cette même entreprise. Leurs résultats ne vous garantiront pas les mêmes résultats. C'est pourquoi vous ne devriez créer qu'une entreprise qui vous passionne.

La passion est ce qui vous pousse à réussir, car vous êtes entièrement dévoué à faire fonctionner votre entreprise, quelle que soit la difficulté du processus. Beaucoup d'aspirants entrepreneurs n'ont pas de passion pour leur entreprise. Ils n'ont en effet pas la passion de faire des ploutocrates. Ils aiment juste l'idée du succès. Sans une sorte de passion qui vous anime, vous ne survivrez pas en tant qu'entrepreneur parce que la construction d'une entreprise vous mettra en danger émotionnellement, mentalement et physiquement. Cela peut être vraiment difficile à surmonter sans avoir un but ou une passion qui vous pousse à aller de l'avant.

Avant d'autoriser le démarrage d'une entreprise, vous devrez vous demander si vous conservez la passion nécessaire à votre réussite. Conserver une entreprise n'est pas comme être un coup de main et avoir vos tâches commandées à l'avance. Vous devrez produire vos propres prétentions qui sont soutenues par la stratégie et l'entreprise que vous concevez. vous devez également mener à bien cette stratégie afin de la faire fonctionner. Comme vous pouvez le voir, vous ne travaillerez pas seulement 8 heures par jour. Vous aurez l'impression de travailler près de 24 heures par jour pour assurer le succès de votre entreprise. Demandez-vous maintenant si vous pouvez conserver ce type de patrimoine professionnel 7 jours sur 7 jusqu'à ce que vous produisiez éventuellement une entreprise prospère. aussi le travail ne s'arrête pas là car vous devrez supporter ce problème afin de maintenir une entreprise prospère. Là'

Pourtant, vous devrez être passionné par le processus entrepreneurial, si votre truc est de créer une entreprise prospère.

Voici 5 façons dont la passion se traduira par une entreprise prospère :

1 : Les investisseurs vous trouveront plus attrayant

La qualité de votre idée d'entreprise ne compte pas si vous n'y croyez pas. Les investisseurs entendent chaque jour des idées de personnes qui croient avoir créé le futur Facebook ou Snapchat. Ces investisseurs évaluent toujours si vous espérez simplement avoir de la chance en suivant une idée qui a connu un succès fou pour quelqu'un différemment, ou si vous poursuivez sans feinte une idée qui vous passionne vraiment. Lorsque vous poursuivez le succès des autres, vous abandonnez facilement lorsque les résultats que vous souhaitez ne sont pas facilement obtenus. Cela rend les investisseurs prudents car ils ne veulent pas placer leur ploutocrate entre les mains de ceux qui abandonneront face à une petite opposition. C'est pourquoi les investisseurs recherchent la passion autant qu'ils recherchent un bien permis

- notre produit soutenu par un modèle commercial solide.

2 : Votre passion vaincra votre peur de l'échec :

Oui, l'échec est bien réel et doit être reconnu. Ce que vous devez rappeler, c'est que vous devrez faire face à des obstacles et à des défis en cours de route, quelle que soit votre prudence. Ce qui compte, c'est la façon dont vous dépassez ces problèmes pour réussir.

Cependant, vous n'obtiendrez pas non plus le succès que vous recherchez, si les petits effets vous amènent à deviner alternativement votre décision de devenir entrepreneur. Vous devrez bloquer la peur de l'échec et vous concentrer uniquement sur la production de bons résultats afin de garder vos études positives.

3 : Vous aurez la motivation pour persévérer :

Créer une entreprise est une entreprise de taille. Il n'y a pas de voie vers le succès, ce qui signifie que vous devez endurer de longues journées et nuits jusqu'à ce que vos sueurs finissent par payer. Il n'y a vraiment que beaucoup de gens qui peuvent maintenir une telle position de concentration conjugale, surtout lorsqu'il n'y a pas de délectation immédiate. Cela signifie que vous pourriez littéralement passer du temps sans être payé, car le ploutocrate généré par votre entreprise est réinvesti dans l'incubation de sa croissance.

Une réflexion similaire à long terme est typique des entrepreneurs passionnés et prospères. Ils traversent les tempêtes de la vie d'entrepreneur de bonne humeur, ils restent plus longtemps, travaillent plus dur et font ce nouveau voyage pour rencontrer un investisseur ou un client implicite. Ils persistent. La vraie passion se manifeste dans la façon dont elle relève les défis et dans quelle mesure elle s'est préparée à des défis similaires.

4 : Les clients apprécieront votre intégrité :

Les clients remarqueront que vous essayez de vendre votre produit par désespoir ou simplement pour le ploutocrate, plutôt que par passion pour un excellent résultat à leurs problèmes. Lorsque vous êtes désespéré de faire une transaction, cela signifie que vous n'avez pas de clientèle active, ce qui incitera les prospects à se demander pourquoi c'est le cas. Leurs études seront soit que votre produit ne vaut pas la peine d'être acheté, soit que votre service client fait fuir les clients. Quoi qu'il en soit, ce sont des compréhensions négatives qui rendront difficile pour vous de faire un échange.

La façon élégante d'acquérir des invités est de croire vraiment et d'avoir une passion pour fournir des résultats uniques pour vos problèmes d'invités. Lorsque vous vous efforcez de comprendre quels sont leurs problèmes et que vous produisez des résultats adaptés à leurs problèmes, vous constaterez que les gens sont largement positifs à l'idée d'être votre client.

5 : Vous garantissez le succès à long terme :

Lorsque vous conservez une passion pour votre entreprise, son succès est votre principal objectif. Cela signifie que vous travaillerez sans vie pour produire un produit demandé par vos clients cibles. Vous travaillerez pour donner le service client élégant qui garde vos invités vivants pieux envers votre entreprise. Votre objectif est de produire un succès à long terme pour votre entreprise, plutôt que de transmettre des résultats à court terme qui ne peuvent en aucun cas être récupérés.

imaginez l'idée d'entreprise que vous avez en tête. Êtes-vous prêt à travailler jour et nuit jusqu'à ce que votre entreprise ressemble à la vision que vous avez en tête ? Votre passion devrait vous pousser à vous dépasser, aussi délicat que soit le voyage vers le succès. Il peut sembler que cela n'en vaut pas la peine alors que vous êtes en train d'y parvenir, mais les filets justifieront en

fin de compte les problèmes que vous avez dû endurer
et les offres que vous avez faites.

5 : Créer une nation de croissance commerciale :

La culture d'entreprise est l'un des aspects les plus
importants du développement d'une entreprise. Les
entreprises se développent lorsqu'elles adoptent une
culture d'invention, de créativité et de collaboration.

La culture n'est pas seulement un ajout à votre
entreprise, c'est le fondement même sur lequel vous
construisez tous les autres aspects de votre entreprise.
les travailleurs doivent comprendre comment leur
travail contribue au succès de l'association et se sentir

habilités à prendre des pièges sans crainte de représailles.

de nombreuses entreprises ne comprennent pas pourquoi la culture est importante et, de même, elles ne consacrent pas assez de temps ou d'énergie à cultiver leur culture. Dans cet article, nous expliquerons comment vous pouvez cultiver la culture de votre entreprise pour vous aider à développer votre entreprise.

L'expansion du marché

La stratégie de croissance alternative est l'expansion de la demande. Pour poursuivre l'expansion des demandes, une entreprise doit d'abord identifier les nouvelles demandes qu'elle peut potentiellement saisir.

Elle développe également des produits ou services qui répondent à ces nouvelles demandes et travaille à la conquête de ces marchés. Cependant, ils doivent

Si une entreprise choisit de s'engager dans cette stratégie.

Saisir de nouvelles demandes géographiques

Entrez de nouvelles parties client dans les demandes

Développer de nouveaux canaux de distribution.

Développement de produits

Lorsqu'elle s'engage dans le développement de produits comme stratégie de croissance choisie, une entreprise doit d'abord identifier les nouveaux produits ou services implicites qu'elle pourrait offrir.

Cela nécessite un investissement moindre car une entreprise peut mettre davantage de ploutocrate dans ses départements de R&D, ainsi qu'une culture ambitieuse supplémentaire au sein de l'établissement.

Croissance axée sur les produits

Les entreprises à croissance axée sur les produits sont celles qui se développent principalement par l'abandon et l'expansion de leur produit, plutôt que par d'autres canaux similaires au marketing ou au développement commercial.

Dans de nombreux cas, les entreprises de croissance axées sur les produits ont un modèle freemium, où le produit de base est offert gratuitement et de nouvelles fonctionnalités ou services sont facturés.

Il existe de nombreuses caractéristiques cruciales qui définissent une entreprise de croissance axée sur les produits

Le produit est le principal moteur de la croissance

Le produit est offert gratuitement ou a un modèle freemium

L'entreprise se concentre sur l'adhésion des fumeurs plutôt que sur la croissance des bénéfices

L'entreprise s'appuie fortement sur le bouche-à-oreille et le marketing viral

L'entreprise met fortement l'accent sur la rétention et l'engagement

Il existe de nombreux exemples d'entreprises qui ont utilisé avec succès une stratégie de croissance axée sur les produits pour atteindre l'échelle.

Slack, la plate-forme de répartition des affaires, en est l'un des exemples les plus connus. Slack est passé de zéro à 10 millions de médicaments en seulement 18 mois, principalement grâce au bouche-à-oreille et au marketing viral.

Maintenant que nous avons expliqué comment les entreprises peuvent se développer, examinons les avantages d'une culture forte pour une entreprise et comment elle peut réellement conduire à la croissance.

Niveaux de stress réduits

La culture n'est pas seulement essentielle à la façon dont les gens travaillent ensemble, mais elle a également un impact sur le bien-être des mains, à la fois à l'extérieur et à l'extérieur du bureau. Une culture forte peut aider à réduire le stress et à augmenter la productivité, vous permettant ainsi d'organiser des réunions et des événements d'affaires plus réussis.

Comprendre la culture d'entreprise

La prise de conscience de la culture commerciale ou organisationnelle dans les entreprises et autres associations similaires aux universités est apparue dans les années 1960. Le terme « culture commerciale » s'est développé au début des années 1980 et est devenu largement connu dans les années 1990. La culture commerciale était utilisée à cette époque par les administrateurs, les sociologues et d'autres universitaires pour décrire le caractère d'une entreprise.

Importance de la culture d'entreprise

Une culture d'entreprise mûrement réfléchie, voire innovante, peut élever les entreprises au-dessus de leurs concurrents et favoriser un succès durable. Une telle culture peut :

- Offrir un environnement de travail positif
- Créer une main-d'œuvre engagée, enthousiaste et motivée
- Attirer des employés de grande valeur
- Réduire le chiffre d'affaires
- Piloter et améliorer la qualité des performances et la productivité
- Résulter en des résultats commerciaux favorables

- Soutenir la pérennité d'une entreprise
- Renforcer le retour sur investissement (ROI)
- Fournir un avantage concurrentiel implacable
- Clarifier pour les employés les objectifs de leurs postes, de leurs départements et de l'entreprise dans son ensemble

6 : Analyse de marché pour étudier les difficultés de croissance des entreprises :

Une analyse de la demande peut vous aider à identifier comment placer davantage votre entreprise pour être compétitive et servir vos clients.

1. Une analyse de la demande est une évaluation approfondie d'une demande dans le cadre d'une assiduité spécifique.
2. Une analyse des demandes présente de nombreux avantages, tels que la réduction des menaces pour votre entreprise et une meilleure information de vos opinions commerciales.
3. Il existe sept manières d'effectuer une analyse de demande.
4. Cette composition s'adresse aux propriétaires d'entreprises qui souhaitent savoir pourquoi ils doivent effectuer une analyse de demande et comment le faire.

Comprendre votre clientèle est l'un des premiers moyens cruciaux de réussir en affaires. Sans savoir qui sont vos clients, ce qu'ils veulent et comment ils veulent l'obtenir de vous, votre entreprise pourrait avoir du mal à élaborer une stratégie marketing efficace. C'est là qu'une analyse de demande entre en jeu. Une analyse de demande peut être un processus fastidieux, mais elle est simple et facile à faire par vous-même de sept manières.

Qu'est-ce qu'une analyse de marché ?

Une analyse de la demande est une évaluation approfondie d'une demande dans le cadre d'une assiduité spécifique. Vous étudierez la dynamique de votre demande, comme le volume et la valeur, les parties client implicites, les habitudes d'achat, la concurrence et d'autres facteurs importants. Une analyse marketing approfondie devrait répondre aux questions suivantes

1. Qui sont mes invités implicites ?
2. Quelles sont les habitudes d'achat de mes clients ?
3. Quelle est la taille de ma demande cible ?
4. Dans quelle mesure les clients sont-ils prêts à payer pour mon produit ?
5. Quels sont mes principaux challengers ?
6. Quels sont les points forts et les péchés de mes challengers ?

Quels sont les avantages d'effectuer une analyse marketing ?

Une analyse marketing peut réduire la menace, identifier les tendances émergentes et aider à concevoir le profit. Vous pouvez utiliser une analyse marketing à plusieurs étapes de votre activité, et il peut en effet être salutaire d'en réaliser une à chaque fois pour se tenir au courant d'éventuelles évolutions majeures de la demande.

Une analyse détaillée de la demande fera généralement partie de votre plan d'affaires, car elle vous donne une moindre compréhension de votre clientèle et de vos concurrents. Cela vous aidera à élaborer une nouvelle stratégie de marketing ciblée.

Voici quelques autres avantages majeurs de la réalisation d'une analyse de marché :

- Réduction des menaces Connaître votre demande peut réduire les pièges de votre entreprise, car vous aurez une compréhension des principales tendances de la demande, des principaux acteurs de votre assiduité et de ce qu'il faut pour réussir, ce qui éclairera vos opinions commerciales. Pour vous aider à mieux couvrir votre entreprise, vous pouvez également effectuer une analyse geek, qui identifie les forces, les péchés, les ouvertures et les pièges de votre entreprise.
- Produits ou services ciblés Vous êtes en bien meilleure position pour servir vos clients lorsque vous avez une idée précise de ce qu'ils attendent de vous. Lorsque vous savez qui sont vos invités, vous pouvez utiliser ces informations pour adapter les immolations de votre entreprise aux besoins de vos invités.

- Tendances émergentes Garder une longueur d'avance en affaires consiste souvent à être le premier à repérer une nouvelle occasion ou tendance, et l'utilisation d'une analyse marketing pour rester au fait des tendances d'assiduité est un excellent moyen de vous positionner pour tirer parti de ces informations.

- saillies de profit Un casting de demande est un élément crucial des analyses marketing les plus poussées, car il projette les chiffres, les caractéristiques et les tendances à venir dans votre demande cible. Cela vous donne une idée des gains que vous pouvez anticiper, vous permettant d'acclimater votre business plan et votre budget en conséquence.

- Notes d'évaluation Il peut être délicat d'évaluer le succès de votre entreprise en dehors de chiffres purs. Une analyse de la demande fournit des notes ou des indicateurs de performance cruciaux par rapport auxquels vous pouvez juger votre entreprise et vos performances par rapport aux autres dans votre assiduité.

- environnement pour une fois les erreurs de calcul L'analyse marketing peut expliquer les erreurs de calcul ou les anomalies d'assiduité de l'historique de votre entreprise. À titre d'illustration, des analyses approfondies peuvent expliquer ce qui a eu un impact sur le commerce d'un produit spécifique, ou pourquoi une certaine métrique a fonctionné comme elle l'a fait. Cela peut vous aider à éviter de refaire ces erreurs de calcul ou de transmettre des anomalies analogues, car vous serez en mesure de disséquer et de décrire ce qui s'est mal passé et pourquoi.

- Optimisation du marketing C'est là qu'une analyse marketing périodique est utile - une analyse régulière peut informer vos efforts marketing en cours et vous montrer quels aspects de votre marketing doivent fonctionner et lesquels fonctionnent bien par rapport aux autres entreprises de votre assiduité.

Comment faire une analyse de marché

Bien que la réalisation d'une analyse marketing ne soit pas un processus compliqué, cela demande beaucoup d'exploration, alors soyez prêt à consacrer beaucoup de temps au processus.

Voici les sept manières de mener une analyse de demande :

Déterminez votre objectif :

Il existe de nombreuses raisons pour lesquelles vous pouvez effectuer une analyse de demande, par exemple pour évaluer votre concurrence ou pour comprendre une nouvelle demande. Quelle que soit votre raison, il est important de bien la définir pour vous garder sur la bonne voie tout au long du processus. Commencez par décider si votre objectif est interne – comme par exemple perfectionner vos rentrées de fonds ou vos opérations commerciales – ou externe, comme demander un prêt commercial. Votre objectif déterminera le type et le volume d'exploration que vous effectuerez.

Faites des recherches sur l'état de l'industrie.

Cartographiez un chiffre détaillé de l'état actuel de votre assiduité. Indiquez où l'assiduité semble se diriger, en utilisant des critères similaires comme la taille, les tendances et la croissance projetée, avec une plénitude de données pour étayer vos conclusions. Vous pouvez également effectuer une analyse relative de la demande pour vous aider à trouver votre avantage concurrentiel dans le cadre de votre demande spécifique.

Identifiez votre clientèle cible.

Tout le monde dans le monde ne sera pas votre client, et ce serait une perte de temps d'essayer d'intéresser tout le monde à votre produit. utilisez plutôt une analyse de la demande cible pour décider qui est le plus susceptible de vouloir votre produit et concentrez-y vos efforts. Vous voulez comprendre la taille de votre demande, qui sont vos invités, d'où ils viennent et ce qui pourrait avoir un impact sur leurs opinions d'achat. Pour ce faire, examinez des facteurs démographiques comme ceux-ci

- Âge
- Genre
- position
- Profession
- Éducation
- Besoins
- Intérêts

Au cours de votre exploration, vous pourriez envisager de créer un profil client ou un personnage qui reflète votre client idéal pour servir de modèle à vos efforts marketing.

Comprenez votre concurrence.

Pour réussir, vous avez besoin d'une bonne compréhension de vos challengers, y compris leur achromatisme de demande, ce qu'ils font d'autre que vous, et leurs forces, péchés et avantages dans la demande. Commencez par répertorier tous vos principaux challengers, parcourez également cette liste et effectuez une analyse approfondie de chaque concurrent. Qu'est-ce que cette entreprise a que vous n'avez pas ? Qu'est-ce qui amènerait un client à choisir cette entreprise plutôt que la vôtre ? Mettez-vous à la place du client.

aussi, classez votre liste de challengers du plus grand au moins suspendu et décidez d'un calendrier pour effectuer des analyses geek régulières sur vos challengers les plus menaçants.

7 : Protégez vos ventes :

Les plans de transactions sont essentiels pour toute entreprise qui veut faire du ploutocrate et réaliser ses prétentions. Mais trop souvent, les plans de deals manquent ou sont mal exécutés. C'est généralement parce qu'ils sont considérés comme chronophages et délicats à mettre en place. Pourtant, avec la bonne approche, créer un plan de transactions peut être facile et agréable ! Ensuite, il y a 10 façons tactiques de produire un modèle de plan de transactions à l'épreuve des balles

Qu'est-ce qu'un modèle de plan d'offres

Un modèle de plan de transactions est un document qui décrit les prétentions et les objets d'un peloton de transactions ou d'un vendeur individuel. Le modèle comprend généralement des sections sur l'analyse des demandes, les clients cibles, les stratégies de transactions et les vaticinateurs de transactions.

1. Définissez des offres réalistes

Avant de parler de la façon dont vous allez conclure des affaires, parlons des prétentions.

Votre modèle d'offres a besoin d'une fin. Vous devez définir un nombre - qu'il s'agisse d'offres, d'invités ou d'une autre mesure - qui vous aidera à déterminer le succès de votre plan. Sans cet élément crucial, il sera délicat de suivre les progrès et d'apporter les changements nécessaires en cours de route.

Définir des prétentions réalisables, mais exténuantes, pour votre peloton est l'un des effets les plus importants que vous puissiez faire en tant que directeur des transactions.

Lorsque vous créez votre premier document de planification de transactions, il est normal de se tromper sur certaines de vos hypothèses et saillies.

Assurez-vous de moderniser ce qui doit être rationalisé lorsqu'il est temps de moderniser votre document.

Il est important que vous modernisiez et révisiez vos processus de transactions comme demandé. De cette façon, vous pouvez améliorer son efficacité.

2. Définissez clairement vos délais et jalons

La seule façon de savoir avec certitude si vos hypothèses concernant votre plan de transactions sont sur la bonne voie est de décomposer cette grande chose en prétentions plus faibles avec des délais fixés.

Les jalons des transactions sont des points de votre processus de transactions où vous vous enregistrez pour voir si vous avez atteint votre part.

Créer des prétentions claires et réalisables est essentiel pour tout processus de transaction réussi. Ces prétentions et leurs délais correspondants devraient être exténuants mais réalistes. Ils doivent être fouillés complètement et avec courtoisie, et ils doivent être créés de manière à motiver vos vendeurs.

lancer en jetant un œil aux numéros de transactions de votre ancien temps (si possible). Ensuite, comparez ces chiffres aux pars d'assiduité pour voir comment vous montez. Cela devrait vous donner une idée de l'ampleur de l'augmentation que vous devez atteindre pour atteindre vos prétentions mensuelles.

Demandez aux membres de votre peloton ce qu'ils font pendant la semaine de travail. Découvrez le nombre d'heures qu'ils consacrent aux transactions, à l'enquête et à la conclusion des transactions. Voyez s'ils ont du temps libre pendant la semaine qu'ils peuvent consacrer à d'autres tâches.

Cela vous donnera une véritable sapience de première ligne dans la définition de vos prétentions de transactions.

Ensuite, définissez vos prétentions et vos délais. Celles-ci doivent être véritablement spécifiques et doivent inclure un calendrier. De cette façon, vous pouvez suivre vos progrès et vous assurer que vous atteignez vos objectifs à temps.

3. Choisissez un créneau sur lequel vous concentrer

La « niche » d'une entreprise est la zone qu'elle occupe, non seulement avec ses produits ou services, mais aussi avec son contenu, sa culture d'entreprise, sa marque et sa communication. Il définit la manière dont une entreprise est perçue par les clients et les challengers.

En tant qu'entrepreneur et investisseur, Jason Zuck, souligne « Lorsque vous essayez d'être tout pour tout le monde, vous finissez par n'être rien pour personne », pas question de faire ça.

Avant de demander en effet à un prospect de venir chez votre client, ajoutez de la valeur à sa vie.

Plus vous pouvez obtenir de visibilité dans votre créneau particulier, plus vous avez de chances d'atteindre vos prétentions et vos objectifs dans votre plan d'affaires.

se concentrer sur une seule demande de niche ne signifie pas que vous ne pouvez pas développer votre entreprise. Commencez par vous attacher à un seul produit ou service dans votre créneau et développez également une demande presque affiliée. Cela peut vous aider à obtenir une meilleure visibilité et à augmenter vos chances de toucher vos prétentions.

Vous pouvez envoyer vos faïences artisanales ou créer un conglomérat de napperons.

Ou des louches personnalisées ?

Une demande de niche n'est pas limitative. C'est concentré.

4. Connaissez vos publics cibles

Ne perdez pas votre temps ou votre ploutocrate à poursuivre de mauvaises ouvertures. Ne les laissez pas se retrouver sur votre chaîne.

Une fois que vous avez lié votre client idéal, il est important de faire une exploration aussi importante que possible sur lui.

Alors, que devriez-vous inclure exactement à propos de votre client cible dans votre plan d'affaires ?

Cela dépend de votre entreprise et de votre domaine, mais commencez par quelques détails généraux comme le nombre de travailleurs, le poste et l'assiduité avec laquelle vous travaillez. Incluez également les traits communs de vos meilleurs invités ou le type de client que vous souhaitez attirer.

N'oubliez pas de vous demander s'ils conviendront parfaitement.

Un processus de qualification des prospects aide votre peloton d'offres à déterminer quels invités valent la peine d'être poursuivis et quels os

ne sont pas.

Une fois que vous avez lié les types d'entreprises que vous souhaitez communiquer, commencez à les sonder. Découvrez où ils se rendent en ligne, quels types de publications ils lisent et où ils se connectent.

Une fois que vous savez où ils passent leur temps, il est temps de comprendre ce qu'ils regardent. Quels sont leurs points douloureux ? Que veulent-ils réaliser ? Que valorisent-ils ? Qu'est-ce qui les motive ?

Mettez-vous à la place de votre client.

5 : Créer une liste de prospects

Maintenant que vous avez lié votre client idéal, il est temps de produire une liste à vendre à ces entreprises.

Une liste de prospection est la partie de notre processus de transactions où nous prenons l'exploration et la proposition des sections précédentes et les mettons en pratique.

Une base de données d'invités implicites est la base de toute stratégie de transactions réussie. Cette base de données peut prendre du temps à créer, mais elle est absolument essentielle.

Utilisez votre personnalité client pour trouver les invités idéaux

Pour dresser une liste de cibles de transactions implicites, commencez par sonder les clients idéaux. Vous pouvez utiliser des outils comme Linkedin, des groupes de réseautage originaux et Google pour en savoir plus sur votre entreprise cible.

Concentrez-vous sur 5 à 10 personnes dans chaque entreprise.

En atteignant plus d'un prospect, vous augmentez vos chances d'atteindre la bonne personne. Aussi, en entrant en contact avec plusieurs personnes, vous augmentez les chances que l'une d'elles vous relie à la personne avec qui vous essayez de communiquer.

Une fois que vous avez votre liste de prospects, il est important de garder une trace de la façon dont vous configurez chaque prospect. Un système CRM peut vous aider à conserver des informations littérales, à aider les sueurs indiscernables si vous travaillez dans le cadre d'un peloton de transactions et à polariser les données de vos clients.

La raison même de démarrer une entreprise est de vendre un produit ou un service. Ce qui est étonnant, c'est que les plus grandes entreprises ont tendance à se concentrer sur le développement de produits et les stratégies de marketing, négligeant la nécessité d'emprunter une stratégie de transactions. Bien que ces deux éléments soient importants pour vous assurer que vous avez des produits à vendre et que les gens craignent pour votre entreprise, vous risquez de perdre de bons gains si vous justifiez une stratégie de transactions.

immaculée, une stratégie de bonnes affaires énonce les tactiques que vous utiliserez pour acquérir de nouveaux clients, vendre d'autres produits et services et renforcer la relation avec les clients. Tous les trois sont critiques si

vous devez augmenter vos gains qui amèneront votre entreprise à la position à venir.

Dans cet esprit, voici 5 raisons pour lesquelles il est important de mettre en place une stratégie de transactions pour votre entreprise.

Conclusion

À partir des points ci-dessous, vous pouvez facilement dire que vous allez mettre votre entreprise en échec si

vous justifiez une stratégie de bonnes affaires. Alors,
commencez à définir les prétentions de vos offres, le
voyage des invités avant et après l'échange, et les
moyens d'améliorer la satisfaction des clients, entre
autres aspects applicables à la vente de vos produits. De
plus, incluez des résultats pratiques qui vous aideront à
réaliser ces prétentions.

www.ingramcontent.com/pod-product-compliance
Lightning Source LLC
Chambersburg PA
CBHW070748220526
45467CB00018B/1570